U0112768

清・吴敬梓著

儒林外史

十册

黄山書社

儒林外史第四十二回

公子妓院說科場　家人苗疆報信息

話說兩个婊子纔進房門王義安向洗手的那个人道六老爺你請過來看看這兩位新姑娘兩个婊子擡頭看那人時頭戴一頂破頭巾身穿一件油透的元色綢直綴腳底下穿了一雙舊尖頭靴一副大黑麻臉兩隻的溜骨碌的眼睛洗起手來自已把兩个袖子只管往上勒又不像文又不像武那六老爺從廚房裡走出來

兩个婊子上前叫聲六老爺歪着頭扭著屁股一隻手扯着衣服衿在六老爺跟前行个禮那六老爺雙手拉着道好我的乖乖姐姐你一到這裡就認得湯六老爺就是你的造化了王義安道六老爺說的是姑娘們到這里全靠六老爺照顧請六老爺坐拿茶來敬六老爺湯六老爺坐在一張板櫈上把兩个姑娘拉着一邊一个同在板櫈上坐着自已扯開褲腳子拿出那一雙黑油油的肥腿來搭在細姑娘腿上把細

姑娘雪白的手拿過來摸他的黑腿吃過了茶拿出一袋子梹榔來放在嘴裡亂嚼嚼的滓滓渣渣淌出來滿鬍子滿嘴唇左邊一擦右邊一偎都偎擦兩个姑娘的臉巴子上姑娘們拿出汗巾子來指他又奪過去擦夾肢窩王義安纔接過茶杯站着問道六老爺這些時邊上可有信來湯六老爺道怎麽沒有前日還打發人來在南京做了二十首大紅緞子繡龍的旗一首大黃緞子的坐纛說是這一个月就要進京到

九月霜降祭旗萬歲爺做大將軍我家大老爺做副將軍兩人並排在一个氈條上站着磕頭磕過了頭就做總督正說着撈毛的叫了王義安出去悄悄說了一會話王義安進來道六老爺在上方纔有个外京客要來會會細姑娘看見六老爺在這裡不敢進來六老爺道這何妨請他進來不是我就同他吃酒當下王義安領了那人進來一个少年生意人那嫖客進來坐下王義安就叫他稱出幾錢銀子來買了一盤

子驢肉一盤子煎魚十來篩酒因湯六老爺是教門人買了二三十个雞蛋煮了出來點上一个燈掛六老爺首席那嫖客對坐六老爺叫細姑娘同那嫖客一板櫈坐細姑娘撒嬌撒癡定要同六老爺坐四人坐定斟上酒來六老爺要猜拳輸家吃酒贏家唱六老爺贏了一拳自已啞着喉嚨唱了一个寄生草便是細姑娘和那嫖客猜細姑娘贏了六老爺叫斟上酒聽細姑娘唱細姑娘别轉臉笑不肯唱六老爺拿快子

在桌上催着敲細姑娘只是笑不肯唱六老爺道我這臉是簾子做的要捲上去就捲上去要放下來就放下來我要細姑娘唱一个偏要你唱王義安又走進來帮着催促細姑娘只得唱了幾句唱完王義安道王老爺來了那巡街的王把總進來見是湯六老爺纔不言語婊子磕了頭一同入席吃酒又添了五六篩直到四更府分大老爺府裡小狗子拿着都督府的燈籠說府裏請六爺六老爺同王老爺方纔去了嫖

客進了房端水的來要水錢撈毛的來要花錢又鬧了一會婊子又通頭洗臉刷屁股比及上床已雞叫了次日六老爺絕早來說要在這裡擺酒替兩位公子餞行往南京恭喜去王義安聽見湯大老爺府裏兩位公子來喜從天降忙問六老爺是卽刻就來是晚上纔來六老爺在腰裏摸出一封低銀子稱稱五錢六分重遞與王義安叫去備一个七簋兩點的席若是辦不來再到我這裡找王義安道不敢不敢只要六老爺別的事上多挑他姐兒們幾回就是了這一席酒我們効六老爺的勞何況又是請府裏大爺二爺的六老爺道我的乖乖這就是在行的話了只要你這姐兒們有福若和大爺二爺相厚起來他府裏差甚麼黃的是金白的是銀圓的是珍珠放光的是寶我們大爺二爺你只要我得着性情就是撈毛的燒火的他也大把的銀子搯出來賞你們李四在旁聽了也着實高興吩咐已畢六老爺去了這裡七手八腳整

治酒席到下午時分六老爺同大爺二爺來頭戴恩蔭巾一个穿大紅酒線直綴一个穿藕合酒線直綴腳下粉底皂靴帶着四个小厮大清天白日提着兩對燈籠一對上寫着都督府一對寫着南京鄉試大爺二爺進來上面坐下兩个婊子雙雙磕了頭六老爺站在旁邊大爺道六哥現成板櫈你坐着不是六老爺道正是要禀過大爺二爺兩个姑娘要賞他一个坐二爺道怎麽不坐叫他坐了兩个婊子輕輕試試扭頭折頸坐在一條板櫈上拿汗巾子掩着嘴笑大爺問兩个姑娘今年尊庚六老爺代荅道一位十七歲一位十九歲王義安捧上茶來兩个婊子親手接了兩杯茶拿汗巾揩乾了杯子上一轉的水漬走上去奉與大爺二爺大爺二爺接茶在手吃着六老爺問道大爺二爺幾時恭喜起身大爺道只在明日就要走現今主考已是將到京了我們怎還不去六老爺和大爺說着話二爺趂空把細姑娘拉在一條板櫈上坐

着同他捏手捏脚親熱了一回少刻就排上酒來叫的教門厨子備的教門席都是些燕窩鴨子雞魚六老爺自已捧着酒奉大爺二爺上坐六老爺下陪兩个婊子打横那菜一椀一椀的捧上來六老爺遍手遍脚的坐在底下吃了一會酒六老爺問道大爺二爺這一到京就要進場了初八日五更鼓先點太平府點到我們揚州府怕不要晚大爺道那里就點太平府貢院前先放三个炮把栅欄子開了又放三个炮把大門開了又放三个炮把龍門開了共放九个大炮二爺道他這个炮還沒有我們老人家轅門的炮大大爺道畧小些也差不多放過了炮至公堂上擺出香案來應天府尹大人戴着襆頭穿着蟒袍行過了禮立起身來把兩把遮陽遮着臉布政司書辦跪請三界伏魔大帝關聖帝君進場來鎮壓請周將軍進場來巡場放開遮陽大人又行過了禮布政司書辦跪請七曲文昌開化梓潼帝君進場來主試請魁星老爺

進場來放光六老爺嚇的吐舌道原來要請這些神道菩薩進來可見是件大事順姑娘道他裏頭有這些菩薩坐着虧大爺二爺好大膽還敢進去若是我們就殺了也不敢進去六老爺正色道我們大爺二爺也是天上的文曲星怎比得你姑娘們大爺道請過了文昌大人朝上又打三恭書辦就跪請各舉子的功德父母六老爺道怎的叫做功德父母二爺道功德父母是人家中過進士做過官的祖宗方才請了進

來若是那考老了的秀才和那百姓請他進來做甚麼呢大爺道每號門前還有一首紅旗底下還有一首黑旗那紅旗底下是給下場人的恩鬼墩着黑旗底下是給下場人的怨鬼墩着到這時候大人上了公座坐了書辦點道恩鬼進怨鬼進兩邊齊燒紙錢只見一陣陰風颯颯的響滾了進來跟着燒的紙錢滾到紅旗黑旗底下去了順姑娘道阿彌陀佛可見人要做好人到這時候就見出分曉來了六老爺道像我

們大老爺在這上積了多少功德活了多少人命那恩鬼也不知是多少哩一枝紅旗那裏墩得下大爺道幸虧六哥不進場若是六哥要進場生生的就要給怨鬼拉了去六老爺道這是怎的大爺道像前科我宜興嚴世兄是个飽學秀才在場裏做完七篇文章高聲朗誦忽然一陣微微的風把蠟燭頭吹的亂搖撳開簾子伸進一个頭來嚴世兄定睛一看就是他相與的一个婊子嚴世兄道你已經死了怎麽來在這

裏那婊子望着他嘻嘻的笑嚴世兄急了把號板一拍那硯臺就翻過來連黑墨都倒在卷子上把卷子黑了一大塊婊子就不見了嚴世兄歎息道也是我命該如此可憐下着大雨就交了卷冒着雨出來在下處害了三天病我去看他他告訴我如此我說你當初不知怎樣作踐了這人他所以來尋你六哥你生平作踐了多少人你說這大場進得進不得兩个姑娘拍手笑道六老爺好作踐的是我們他若進場我兩

个人就是他的㓂鬼吃了一會六老爺啞着喉嚨唱了一个小曲大爺二爺拍着腿也唱了一个婊子唱是不消說鬧到三更鼓打着燈籠回去了次日叫了一隻大船上南京六老爺也送上船回去了大爺二爺在船上閒談着進場的熱鬧處二爺道今年該是个甚麽表題大爺道我猜沒有别的去年老人家在貴州征服了一洞苗子一定是這个表題二爺道這表題要在貴州出大爺道如此只得求賢免錢粮兩个題

其餘沒有了一路說着就到了南京管家尤鬍子接着把行李搬到釣魚巷住下大爺二爺走進了門轉過二層廳後一个旁門進去却是三間倒坐的河廳收拾的到也清爽兩人坐定看見河對面一帶河房也有硃紅的欄干也有綠油的窗槅也有斑竹的簾子裏面都下着各處的秀才在那裡哼哼唧唧的念文章大爺二爺才住下便催着尤鬍子去買兩頂新方巾考籃句銅銚句號頂句門帘句火爐句燭臺句燭剪

句卷袋句每樣兩件趕着到鷲峯寺寫卷頭句交卷句又料理場食句月餅句蜜橙糕句蓮米句圓眼肉句人參句炒米句醬瓜句生薑句板鴨句大爺又和二爺說把貴州帶來的阿魏帶些進去恐怕在裏頭寫錯了字着急足足料理了一天纔得停妥大爺二爺又自已細細一件件的查點說道功名事大不可草草到初八早上把這兩項舊頭巾叫兩个小子帶在頭上抱着籃子到貢院前伺候一路打從淮清橋過那趕搶攤的擺着紅紅綠綠的封面都是蕭金鉉諸葛天申季恬逸匡超人馬純上蘧銑夫選的時文一直等到晚儀徵學的秀才點完了才點他們進了頭門那兩个小廝到底不得進去大爺二爺自已抱着籃子背着行李看見兩邊蘆柴堆火光一直亮到天上大爺二爺坐在地下解懷脫腳聽見裏面高聲喊道仔細搜撿大爺二爺跟了這些人進去到二門口接卷進龍門歸號初十日出來累倒了每人吃了一隻鴨子

眠了一天三場已畢到十六日叫小廝拿了一个都督府的溜子溜了一班戲子來謝神少刻看茶的到了他是教門自己有辦席的厨子不用外僱戲班子發了箱來跟着一个拿燈籠的拿着十幾个燈籠寫着三元班隨後一个人後面帶着一个二漢手裏拿着一个拜匣到了寓處門首向管家說了傳將進去大爺打開一看原來是个手本寫着門下鮑廷璽謹具喜燭雙輝梨園一部叩賀大爺知道他是个領班子的

叫了進來鮑廷璽見過了大爺二爺說道門下在這裡領了一个小班專伺候諸位老爺昨日聽見兩位老爺要戲故此特來伺候大爺見他為人有趣留他一同坐着吃飯過了一回戲子來了就在那河廳上面供了文昌帝君關夫子的紙馬兩人磕過頭祭獻已畢大爺二爺鮑廷璽共三人坐了一席鑼鼓响處開場唱了四齣嘗湯戲天色已晚點起十幾副明角燈來照耀的滿堂雪亮足足唱到三更鼓整本已完鮑廷

璽道門下這幾个小孩子跑的馬到也還看得叫他跑一齣馬替兩位老爺醒酒那小戲子一个个戴了貂裘簪了雉羽穿極新鮮的靠子跑上場來串了一个五花八門大爺二爺看了大喜鮑廷璽道兩位老爺若不見棄這孩子裏面揀兩个留在這裡伺候大爺道他們這樣小孩子曉得伺候甚麼東西有別的好頑的去處帶我去走走鮑廷璽道這个容易老爺這對河就是葛來官家他也是我掛名的徒弟那年天長

杜十七老爺在這裏湖亭大會都是考過榜上有名的老爺明日到水襪巷看着外科周先生的招牌對門一个黑搶籬裏就是他家了二爺道他家可有內眷我也一同去走走鮑廷璽道現放着偌大的十二樓二老爺爲甚麼不去頑耍倒要到他家去少不得都是門下來奉陪說畢戲已完了鮑廷璽辭別去了次日大爺備了八把點銅壺兩瓶山羊血四端苗金六簍貢茶叫人挑着一直來到葛來官家敲開了門一个

大腳三帶了進去前面一進兩破三的廳上頭左邊一个門一條小巷子進去河房倒在貼後那葛來官身穿着夾紗的玉色長衫子手裡拿着燕翎扇一雙十指尖尖的手凭在欄杆上乘涼看見大爺進來說道請坐老爺是那裡來的大爺道昨日鮑師父說來官你家最好看水今日特來望望你還有幾色菲人事你權且收下家人挑了進來來官看了喜逐顏開說道怎麼領老爺這些東西忙叫大腳三收了進去你向

相公娘說擺酒出來大爺道我是教門不用大葷來官道有新買的極大的揚州螃蟹不知老爺用不用大爺道這是我們本地的東西我是最歡喜我家伯伯大老爺在高要帶了家信來想的要不的也不得一隻吃吃來官道太老爺是朝裏出仕的大爺道我家太老爺做着貴州的都督府我是回來下場的說着擺上酒來對着那河裏煙霧迷離兩岸人家都點上了燈火行船的人往來不絕這葛來官吃了幾杯酒紅

紅的臉在燈燭影裡擎着那纖纖玉手只管勸湯大爺吃酒大爺道我酒是彀了倒用杯茶罷葛來官叫那大腳三把螃蠏殼同菓碟都收了去揩了桌子拿出一把紫砂壺烹了一壺梅片茶兩人正吃到好處忽聽見門外嚷成一片葛來官走出大門只見那外科周先生紅着臉捵着肚子在那裡嚷大腳三說他倒了他家一門口的螃蠏殼葛來官才待上前和他講說被他劈面一頓臭罵道你家住的是海市蜃樓合

該把螃蠏殼倒在你門口爲甚麼送在我家來難道你上頭兩隻眼睛也撐大了彼此吵鬧還是湯家的管家勸了進去剛才坐下那尤鬍子慌忙跑了進來道小的那里不找尋大爺却在這裡大爺道你爲甚事這樣慌張尤鬍子道二爺同那个姓鮑的走到東花園鷲峯寺旁邊一个人家吃茶被幾个喇子困着把衣服都剝掉了那姓鮑的嚇的老早走了二爺關在他家不得出來急得要死那間壁一个賣花的姚奶奶

說是他家姑老太把住了門那里溜得脫大爺聽了慌吲在寓處取了燈籠來照着走到鷲峯寺間壁那裏幾個喇子說我們好些時沒有大紅日子過了不打他的醮水還打那个湯大爺雄赳赳的分開衆人推開姚奶奶一拳打掉了門那二爺看見他哥來兩步做一步溜出來了那些喇子還待要攔住他看見大爺雄赳赳的又打着都督府的燈籠也就不敢惹他各自都散了兩人回到下處過了二十多天貢院前藍

單取進墨漿去知道就要揭曉過了兩日放出榜來第兄兩个都沒中坐在下處足足氣了七八天領出落卷來湯由三本湯實三本都三篇不齊[illegible]、入彀着大罵簾官主考不通正罵[illegible]衙門的家人到了遞上家信來商[illegible]只因這一番有分教桂林杏苑空[illegible]虎鬬龍爭又見戰征之事畢竟後[illegible]

下回分解

儒林外史第四十三回

野羊塘將軍大戰　歌舞地酋長刦營

話說湯大爺湯二爺領出落卷來正在寓處看了氣惱只見家人從貴州鎮遠府來遞上家信兩人折開同看上寫道生苗近日頗有蠢動之意爾等於發榜後無論中與不中且來鎮署要緊大爺看過向二爺道老人家叫我們到衙門裏去我們且回儀徵收拾收拾再打算長行當下喚尤鬍子叫了船算還了房錢大爺二爺坐

了轎小廝們押着行李出漢西門上船葛來官聽見買了兩隻板鴨幾樣茶食到船上送行大爺又悄悄送了他一个荷包裝着四兩銀子相別去了當晚開船次早到家大爺二爺先上岸回家纔洗了臉坐下吃茶門上人進來說六爺來了只見六老爺後面帶着一个人走了進來一見面就說道聽見我們老爺出兵征勦苗子把苗子平定了明年朝廷必定開科大爺二爺一齊中了我們老爺封了侯那一品的蔭襲料

想大爺二爺也不稀罕就求大爺賞了我等我戴了紗帽給細姑娘看看也好叫他怕我三分大爺道六哥你掙一頂紗帽單單去嚇細姑娘又不如去把這紗帽賞與王義安了二爺道你們只管說話這个人是那里來的那人上來磕頭請安懷裡拿出一封書子來遞上來六老爺道他姓臧名喚臧岐天長縣人這書是杜少卿哥寄來的說臧岐爲人甚妥帖薦來給大爺二爺使喚二爺把信折開同大爺看前頭寫着些

請問老伯安好的話後面說到臧岐一句在貴州做長隨貴州的山僻小路他都認得其人頗可以供使令等語大爺看過向二爺說道杜世兄我們也許久不會他了既是他薦來的人留下使喚便了臧四磕頭謝了下去門上人進來稟王漢策老爺到了在廳上要會大爺道老二我同六哥吃飯你去會會他罷二爺出去會客大爺叫擺飯同六老爺吃吃着二爺送了客回來大爺問道他來說甚麼二爺道他說他東家

萬雪齋有兩船塩也就在這兩日開江托吾們
在路上照應照應二爺已一同吃飯吃完了飯
六老爺道我今日且去着明日再來送行又道
二爺若是得空還到細姑娘那裡瞧瞧他去我
先去叫他那里等着大爺道六哥你就是個討
債鬼纏死了人今日還那得工夫去看那騷婊
子六老爺笑着去了次日行裏寫了一隻大江
船尤鬍子臧四同幾个小廝搬行李上船門槍
旗牌十分熱鬧六老爺送到王泥灘說了幾句

分別的話纔叫一个小船蕩了回去這里放炮
開船一直往上江進發這日將到大姑塘風色
大作大爺吩咐急急收了卩子灣了船那江裏
白頭浪茫茫一片就如煎塩疊雪的一般只見
兩隻大塩船被風橫掃了抵在岸邊便有兩百
隻小撥船岸上來了兩百个兇神也似的人齊
聲叫道塩船擱了淺了我們快帮他去起撥那
些人駕了小船跳在塩船上不由分說把他艙
裏的子兒塩一包一包的儘興搬到小船上那

兩百隻小船都裝滿了一个人一把槳如飛的棹起來都穿入那小港中無影無踪的去了那船上管船的舵工押船的朝奉面面相覷束手無策望見這邊船上打着貴州總鎮都督府的旗號知道是湯少爺的船都過來跪下哀求道小的們是萬老爺家兩號鹽船被這些強盜生生打劫了是二位老爺眼見的求老爺做主搭救大爺同二爺道我們同你家老爺雖是鄉親但這失賊的事該地方官管你們須是到地方

官衙門遞呈紙去朝奉們無法只得依言具了呈紙到彭澤縣去告那知縣接了呈詞即刻陞堂將舵工朝奉水手一干人等都叫進二堂問道你們鹽船爲何不開行停泊在本縣地方上是何緣故那些搶鹽的姓甚名誰平日認得不認得舵工道小的們的船被風掃到岸邊那港裡有兩百隻小船幾百个兇神硬把小的船上鹽包都搬了去了知縣聽了大怒道本縣法令嚴明地方清肅那裡有這等事分明是你這奴

才攬載了商人的鹽斤在路夥着押船的家人任意嫖賭花消沿途偷賣了借此爲由希圖抵賴你到了本縣案下還不實說麽不由分說撒下一把籤來兩邊如狠如虎的公人把舵工拖翻二十毛板打的皮開肉綻又指着押船的朝奉道你一定是知情夥賴快快向我實說說着那手又去摩着籤筒可憐這朝奉是花月叢中長大的近年有了幾莖鬍子主人纔差他出來押船嬌皮嫩肉何曾見過這樣官刑今番見了屁滾尿流憑着官叫他說甚麽就是甚麽那裡還敢頂一句當下磕頭如搗蒜只求饒命知縣又把水手們嚷駡一番要將一干人寄監明日再審朝奉慌了急急叫了一个水手托他到湯少爺船上求他說人情湯大爺叫臧岐拿了帖子上來拜上知縣說萬家的家人原是自不小心失去的鹽斤也還有限老爺已經責處過管船的叫他下次小心寛恕他們罷知縣聽了這話叫臧岐原帖拜上二位少爺說曉得遵命了

又坐堂叫齊一干人等在面前說道本該將你們解回江都縣照數追賠這是本縣開恩恕你初犯扯个淡一齊趕了出來朝奉帶着舵工到湯少爺船上磕頭謝了說情的恩捻着鼻子回船去了次日風定開船又行了幾程大爺二爺由水登陸到了鎮遠府打發尤鬍子先往衙門通報大爺二爺隨後進署這日正陪着客請的就是鎮遠府太守這太守姓雷名驥字康錫進士出身年紀六十多歲是个老科目大興縣人

由部郎陞了出來在鎮遠有五六年苗情最為熟習雷太守在湯鎮臺西廳上吃過了飯拿上茶來吃着談到苗子的事雷太守道我們這里生苗熟苗兩種那熟苗是最怕王法的從來也不敢多事只有生苗容易會鬧起來那大石崖金狗洞一帶的苗子尤其可惡前日長官司田德禀了上來說生員馮君瑞被金狗洞苗子別莊燕捉去不肯放還若是要他放還須送他五百兩銀子做贖身的身價大老爺你議議這件

事該怎麼一个辦法湯鎮臺道馮君瑞是我內地生員關系朝廷體統他如何敢拿了去要起贖身的價銀來目無王法已極此事並沒有第二議惟有帶了兵馬到他洞裡把逆苗盡行勦滅了捉回馮君瑞交與地方官究出起釁情由再行治罪舍此還有別的甚麼辦法雷太守道大老爺此議原是正辦但是何苦爲了馮君瑞一个人興師動衆愚見不如檄委田土司到洞裡宣諭苗酋叫他好好送出馮君瑞這事也就

可以罷了湯鎮臺道太老爺你這話就差了譬如田土司到洞裡去那逆苗又把他留下要一千兩銀子取贖甚而太老爺親自去宣諭他又把太老爺留下要一萬銀子取贖這事將如何辦法況且朝廷每年費百十萬錢糧養活這些兵丁將備所司何事既然怕興師動衆不如不養活這些閒人了幾句就同雷太守說戧了雷太守道也罷我們將此事叙一个簡明的稟帖稟明上臺看上臺如何批下來我們遵照辦理

就是了當下雷太守道了多謝辭别回署去了這里放炮封門湯鎮臺進來兩个乃郎請安叩見了臧四也磕了頭問了些家鄉的話各自安息過了幾日總督把禀帖批下來仰該鎮帶領兵馬勦滅逆苗以彰法紀餘如禀速行繳這湯鎮臺接了批禀即刻差人把府裏兵房書辦叫了來関在書房裡那書辦嚇了一跳不知甚麽緣故到晚將三更時分湯鎮臺到書房裏來會那書辦手下人都叫迴避了湯鎮臺拿出五十

兩一定大銀放在桌上說道先生你請收下我約你來不爲别的只爲買你一个字那書辦嚇的戰抖抖的說道大老爺有何吩咐處只管叫書辦怎麽樣辦書辦死也不敢受太老爺的賞湯鎮臺道不是這樣說我也不肯連累你明日上頭有行文到府裏叫我出兵時府裡知會過來你只將帶領兵馬四个字寫作多帶兵馬我這元寶送爲筆資並無别件奉托書辦應允了收了銀子放了他回去又過了幾天府裡會過

來催湯鎮臺出兵那文書上有多帶兵馬字樣那本標三營分防二協都受他調遣各路糧餉俱已齊備看看已是除夕清江銅仁兩協叅將守備稟道晦日用兵兵法所忌湯鎮臺道且不要管他運用之妙在於一心苗子們今日過年正好出其不意攻其無備傳下號令遣清江叅將帶領本協人馬從小石崖穿到鼓樓坡以斷其後路遣銅仁守備帶領本協人馬從石屛山直抵九曲岡以遏其前峰湯鎮臺自領本標人

馬在野羊塘作中軍大隊調撥已定往前進發湯鎮臺道逆苗巢穴正在野羊塘我們若從大路去驚動了他他踞了碉樓以逸待勞我們倒難以刻期取勝因問臧岐道你認得可還有小路穿到他後面臧岐道小的認得從香爐崖扒過山去走鐵溪溪裡抄到後面可近十八里只是溪水寒冷現在有氷難走湯鎮臺道這个不妨號令中軍馬兵穿了油靴步兵穿了鷂子鞋一齊打從這條路上前進且說那苗酋正在洞裡聚

集衆苗子男男女女飲酒作樂過年馮君瑞本是一个好根又得了苗女爲妻翁婿兩个羅列着許多苗婆穿的花紅柳綠鳴羅擊鼓演唱苗戲忽然一个小卒飛跑了來報道不好了大皇帝發兵來勦已經到了九曲崗了那苗酋嚇得魂不附體忙調兩百苗兵帶了標槍前去抵敵只見又是一个小卒沒命的奔來報道鼓樓坡來了大衆的兵馬不計其數苗酋同馮君瑞正慌張着急忽聽得一聲炮響後邊山頭上火把

齊明喊殺連天從空而下那苗酋領着苗兵捨命混戰怎當得湯總鎮的兵馬長槍大戟直殺到野羊塘苗兵死傷過半苗酋同馮君瑞覓條小路逃往別的苗洞裡去了那里前軍銅仁守備後軍清江叅將都會合在野羊塘搜了巢穴將敗殘的苗子盡行殺了苗婆留在軍中執炊爨之役湯總鎮號令三軍就在野羊塘扎下營盤叅將守備都到帳房裡來賀捷湯總鎮道二位將軍且不要放心我看賊苗雖敗他已逃往

別洞必然求了救兵今夜來刼我們的營盤不可不預爲防備因問臧岐道此處通那一洞最近臧岐道此處到豎眼洞不足三十里湯鎮臺道我有道理向叅將守備道二位將軍你領了本部人馬伏於石柱橋左右這是苗賊回去必由之總路你等他回去之時聽炮響爲號伏兵齊起上前掩殺兩將聽令去了湯總鎮叫把收畱的苗婆內中揀會唱歌的都梳好了椎髻穿好了苗錦赤着脚到中軍帳房裏歌舞作樂却

把兵馬將士都埋伏在山坳裏果然五更天氣苗酋率領着豎眼洞的苗兵帶了苗刀拿了標鎗悄悄渡過石柱橋望見野羊塘中軍帳裏燈燭輝煌正在歌舞一齊吶聲喊撲進帳房不想撲了一个空那些苗婆之外並不見有一个人知道是中了計急急往外跑那山坳裏伏兵齊發喊聲連天苗酋拚命的領着苗兵投石柱橋來却不防一聲炮響橋下伏兵齊出幾處凑攏趕殺前來還虧得苗子的脚底板厚不怕巉巖

荆棘就如驚猿脫兔漫山越嶺的逃散了湯總鎮得了大勝檢點這三營兩協人馬無大損傷唱着凱歌回鎮遠府雷太守接着道了恭喜問起苗酋別莊燕以及馮君瑞的下落湯鎮臺道我們連贏了他幾仗他們窮蹙逃命料想這兩个已經自戕溝壑了雷太守道大勢看來自是如此但是上頭問下來這一句話却難以登答明明像个飾詞了當下湯鎮臺不能言語回到衙門兩个少爺接着請了安却爲這件事心裡

十分躊躕一夜也不曾睡着次日將出兵得勝的情節報了上去總督那里又批下來同雷太守的所見竟是一樣專問別莊燕馮君瑞兩名要犯務須刻期拿獲解院以憑題奏等語湯鎮臺着了慌一時無法只見臧岐在旁跪下禀道生苗峒裡路經小的都認得求老爺差小的前去打探得別莊燕現在何處便好設法擒捉他了湯鎮臺大喜賞了他五十兩銀子叫他前去細細打探臧岐領了主命去了八九日回來禀

道小的直去到監眼洞探得別莊燕因借兵刼營輸了一仗洞裡苗頭和他惱了而今又投到白蟲洞那里去小的又尋到那里打探聞得馮君瑞也在那里別莊燕只贖了家口十幾个人手下的兵馬全然沒有了又聽見他們設了一計說我們這鎮遠府裡正月十八日銕溪裡的神道出現滿城人家家家都要閉門躱避他們打算到這一日扮做鬼怪到老爺府裡來打刼報仇老爺須是防範他爲妙湯鎮臺聽了道我

知道了又賞了臧岐羊酒叫他歇息去果然鎮遠有个風俗說正月十八日銕溪裡龍神嫁妹子那妹子生的醜陋怕人看見差了多少的蝦兵蟹將護衛着他嫁人家都要閉了門不許出來張看若見偷着張看被他瞧見了就有疾風暴雨平地水深三尺把人民要淹死無數此風相傳已久到了十七日湯鎮臺將親隨兵丁叫到面前問道你們那一个認得馮君瑞內中有一个高挑了出來跪稟道小的認得湯鎮臺道

好便叫他穿上一件長白布直裰戴上一頂紙
糊的極高的墨帽子搽上一臉的石灰妝做地
方鬼模樣又叫家丁粧了一班牛頭馬面魔王
夜义極猙獰的怪物吩咐高挑子道你明日看
見馮君瑞即便捉住重重有賞布置停當傳令
管北門的天未明就開了城門那別莊燕同馮
君瑞假扮做一班賽會的各把短刀藏在身邊
半夜來到北門看見城門已開即奔到總兵衙
門馬號的墻外十幾个人各將兵器拿在手裏

扒過墻來去裡邊月色微明照着一个大空院
子正不知從那里進去忽然見墻頭上伏着一
个怪物手裡拿着一个糖鑼子噹噹的敲了兩
下那一堵墻就像地動一般滑喇的憑空倒了
下來幾十條火把齊明跳出幾十个惡鬼手執
鋼义留客住一擁上前這別莊燕同馮君瑞着
了這一嚇兩隻脚好像被釘釘住了的地方鬼
走上前一鈎鐮鎗勾住馮君瑞喊道拿住馮君
瑞了衆人一齊下手把十幾个人都拿了一个

也不會灑脫拿到二堂湯鎮臺點了數次日解到府裡雷太守聽見拿獲了賊頭和馮君瑞亦甚是歡喜即請出王命尚方劍將別莊燕同馮君瑞梟首示衆其餘苗子都殺了具了本奏進京去奉上諭湯奏辦理金狗洞匪苗一案率意輕進靡費錢粮着降三級調用以爲好事貪功者戒欽此湯鎮臺接着抄報看過歎了一口氣部文到了新官到任送了印同兩位公子商議收拾打點回家只因這一番有分教將軍已去悵大樹之飄零名士高談謀先人之窀穸未知後事如何且聽下回分解

儒林外史第四十四回

湯總鎮成功歸故里　余明經把酒問葬事

話說湯鎮臺同兩位公子商議收拾回家雷太守送了代席四兩銀子叫湯衙庖人備了酒席請湯鎮臺到自己衙署餞行起程之日闔城官員都來送行從水路過常德渡洞庭湖由長江一路回儀徵在路無事問問兩公子平日的學業看看江上的風景不到兩十天已到了紗帽洲打發家人先回家料理迎接六老爺知道了

一直迎到黃泥灘見面請了安弟兄也相見了說說家鄉的事湯鎮臺見他油嘴油舌惱了道我出門三十多年你長成人了怎麼學出這般一个下流氣質後來見他開口就說是稟老爺湯鎮臺怒道你這下流胡說我是你叔父你怎麼叔父不叫稱呼老爺講到兩个姪子身上他又叫大爺二爺湯鎮臺大怒道你這匪類更該死了你的兩个兄弟你不教訓照顧他怎麼叫大爺二爺把六老爺罵的垂頭喪氣一路到了

家裏湯鎮臺拜過了祖宗安頓了行李他那做高達縣知縣的乃兄已是告老在家裡老弟兄相見彼此歡喜一連吃了幾天的酒湯鎮臺也不到城裡去也不會官府只在臨河上搆了幾間別墅左琴右書在裡面讀書教子過了三四个月看見公子們做的會文心裡不大歡喜說道這个文章如何得中如今趂我來家須要請个先生來教訓他們纔好每日躊躕這一件事那一日門上人進來禀道揚州蕭二相公來拜

湯鎮臺道這是我蕭世兄我會着還認他不得哩連忙教請進來蕭柏泉進來見禮鎮臺見他美如冠玉衣冠儒雅和他行禮奉坐蕭柏泉道世叔恭喜回府小姪就該來請安因這些時南京翰林侍講高老先生告假回家在揚州過小姪陪了他幾時所以來遲湯鎮臺道世兄恭喜入過學了蕭柏泉道蒙前任大宗師考補博士弟子員這領青衿不為希罕却喜小姪的文章前三天滿城都傳遍了果然蒙大宗師賞鑒可

見甄拔的不差湯鎮臺見他說話伶俐便留他在書房裡吃飯叫兩个公子陪他到下午鎮臺自已出來說要請一位先生替兩个公子講舉業蕭柏泉道小姪近來有个看會文的先生是五河縣人姓余名特字有達是一位明經先生舉業其實好的今年在一个塩務人家做館他不甚得意世叔若要請先生只有這个先生好世叔寫一聘書着一位世兄同小姪去會過余先生就可以同來每年館穀也不過五六十金

湯鎮臺聽罷大喜留蕭柏泉住了兩夜寫了聘書即命大公子叫了一个草上飛同蕭柏泉到揚州去往河下賣塩的吳家拜余先生蕭柏泉叫他寫个晚生帖子將來進館再換門生帖大爺說半師半友只好寫个同學晚弟蕭柏泉拘不過只得拿了帖子同到那里門上傳進帖去請到書房裏坐只見那余先生頭帶方巾身穿舊寶藍直綴腳下朱履白淨面皮三綹髭鬚近視眼約有五十多歲的光景出來同二人作揖

坐下余有達道柏泉兄前日往儀徵去幾時回來的蕭柏泉道便是到儀徵去看敝世叔湯大人留住了幾天這位就是湯世兄因在袖裡拿出湯大爺的名帖遞過來余先生接着看了放在桌上說道這个怎麽敢當蕭柏泉就把要請他做先生的話說了一遍道今特來奉拜如蒙台允卽送書金過來余有達笑道老先生大位公子高才我老拙無能豈堪爲一日之長容斟酌再來奉覆兩人辭別去了次日余有達到

蕭家來回拜說道柏泉兄昨日的事不能遵命蕭柏泉道這是甚麽緣故余有達笑道他旣然要拜我爲師怎麽寫晩弟的帖子拜我可見就非求教之誠這也罷了小弟因有一个故人在無爲州做刺史前日有書來約我我要到那里走走他若帮襯我些須强如坐一年館我也就在這數日內要辭别了東家去湯府這一席柏泉兄竟轉薦了别人罷蕭柏泉不能相强回覆了湯大爺另請别人去了不多幾日余有達果

然辭了主人收拾行李回五河他家就在余家巷進了家門他同胞的兄弟出來接着他這兄弟名持字有重也是五河縣的飽學秀才此時五河縣發了一个姓彭的人家中了幾个進士選了兩个翰林五河縣人眼界小便闔縣人同去奉承他又有一家是徽州人姓方在五河開典當行鹽就冒了籍要同本地人作姻親初時這余家巷的余家還和一个老鄉紳的虞家是世世爲婚姻的這兩家不肯同方家做親後來

這兩家出了幾个沒廉恥不才的人貪圖方家賠贈娶了他家女兒彼此做起親來後來做的多了方家不但沒有分外的賠贈反說這兩家子仰慕他有錢求着他做親所以這兩家不顧祖宗臉面的有兩種人一種是獃子那獃子有八个字的行爲非方不親非彭不友一種是乖子那乖子也有八个字的行爲非方不心非彭不口這話是說那些獃而無恥的人假使五河縣沒有一个冒籍姓方的他就可以不必有親

沒有个中進士姓彭的他就可以不必有這樣的人自已覺得勢利透了心其實歛串了皮那些奸滑的心裡想着同方家做親方家又不同他做他却不肯說出來只是嘴裡扯謊嚇人說彭老先生是我的老師彭三先生把我邀在書房裡說了半天的知心話又說彭四先生在京裏帶書子來給我人聽見他這些話也就常時請他來吃杯酒要他在席上說這些話嚇同席吃酒的人其風俗惡賴如此這余有達余有

重弟兄兩个守着祖宗的家訓閉戶讀書不講這些隔壁賬的勢利余大先生各府州縣作遊相與的州縣官也不少但到本縣來總不敢說因五河人有个牢不可破的見識總說但凡是个舉人進士就和知州知縣是一个人不管甚麼情都可以進去說知州知縣就不能不依假使有人說縣官或者敬那個人的品行或者說那人是个名士要來相與他就一縣人嘴都笑歪了就像不曾中過舉的人要想拿帖子去拜

知縣知縣就可以叉着膊子叉出來總是這般見識余家弟兄兩个品行文章是從古沒有的因他家不見本縣知縣來拜又同方家不是親又同彭家不是友所以親友們雖不敢輕他卻也不知道敬重他那日余有重接着哥哥進來拜見了備酒替哥哥接風細說一年有餘的話吃過了酒余大先生也不往房裡去在書房裏老弟兄兩个一床睡了夜裡大先生向二先說要到無爲州看朋友去二先生道哥哥還在家裡住些時我要到府裡科考等我考了回來哥哥再去罷余大先生道你不知道我這揚州的館金已是用完了要趕着到無爲州去弄幾兩銀子回來過長夏你科考去不妨家裏有你嫂子和弟媳當着家我弟兄兩个原是關着門過日子要我在家怎的二先生道哥這番去若是多抽豐得幾十兩銀子回來把父親母親葬了靈柩在家裡這十幾年我們在家都不安大先生道我也是這般想回來就要做這件事又過

了幾日大先生往無爲州去了又過了十多天宗師牌到按臨鳳陽余二先生便束裝往鳳陽租个下處住下這時是四月初八日初九日宗師行香初十日掛牌收詞狀十一日掛牌考鳳陽八屬儒學生員十五日發出生員覆試案來每學取三名覆試余二先生取在裡面十六日進去覆了試十七日發出案來余二先生考在一等第二名在鳳陽一直住到二十四送了宗師起身方才回五河去了大先生來到無爲州

那州尊着實念舊留着住了幾日說道先生我到任未久不能多送你些銀子而今有一件事你說一个情罷我准了你的這人家可以出得四百兩銀子有三个人分先生可以分得一百三十多兩銀子權且拿回家去做了老伯老伯母的大事我將來再爲情罷余大先生歡喜謝了州尊出去會了那人那人姓風名影是一件人命牽連的事余大先生替他說過州尊准了出來兌了銀子辭別知州收拾行李回家因走

南京過想起天長杜少卿住在南京利涉橋河房裡是我表弟何不順便去看看他便進城來到杜少卿家杜少卿出來接着一見表兄心裏歡喜行禮坐下說這十幾年闊別的話余大先生歎道老弟你這些上好的基業可惜棄了你一个做大老官的人而今賣文爲活怎麼弄的慣杜少卿道我而今在這里有山川朋友之樂到也住慣了不瞞表兄說我愚弟也無甚麼嗜好夫妻們帶着幾个兒子布衣蔬食心裏淡然那從前的事也追悔不來了說罷奉茶與表兄吃吃過杜少卿自已走進去和娘子商量要辦酒替表兄接風此時杜少卿窮了辦不起思量方要拿東西去當這日是五月初三郤好莊濯江家送了一擔禮來與少卿過節小厮跟了禮拿着拜匣一同走了進來那禮是一尾鰣魚兩隻燒鴨一百个粽子二斤洋糖拜匣裏四兩銀子杜少卿寫回帖叫了多謝收了那小厮去了杜少卿和娘子說這主人做得成了當下又添

了幾樣娘子親自整治酒肴遲衡山武正字住的近杜少卿寫說帖請這兩人來陪表兄二位來到叙了些彼此仰慕的話在河房裡一同吃酒吃酒中間余大先生說起要尋地葬父母的話遲衡山道先生只要地下乾煖無風無蟻得安先人足矣那些發富發貴的話都聽不得余大先生道正是敝邑最重這一件事人家因尋地艱難每每躭誤着先人不能就葬小弟却不曾究心于此道請問二位先生這郭璞之說是

怎麽个源流遲衡山嘆道自家人墓地之官不設族葬之法不行士君子惑于龍穴沙水之說自心裡要想發達不知已墮於大逆不道余大先生驚道怎生便是大逆不道遲衡山道有一首詩念與先生聽氣散風衝那可居先生埋骨理何如日中尙未逃兵解世上人猶信葬書這是前人弔郭公墓的詩小弟最恨而今術士托於郭璞之說動輙便說這地可發鼎甲可出狀元請教先生狀元官號始於唐朝郭璞晉人何

得知唐有此等官號就先立一法說是个甚麼様的地就出這一件東西這可笑的緊若說古人封拜都在地理上看得出來試問淮陰葬母行營高敞地而淮陰王侯之貴不免三族之誅這地是凶是吉更可笑這些俗人說本朝孝陵乃青田先生所擇之地青田命世大賢敷布兵農禮樂日不暇給何得有閒工夫做到這一件事洪武即位之時萬年吉地自有術士辦理與青田甚麼相干余大先生道先生你這一番議

論眞可謂之發矇振聵武正字道衡山先生之言一絲不錯前年我這城中有一件奇事說與諸位先生聽余大先生道願聞願聞武正字道便是我這裡下浮橋地方施家巷裡施御史家遲衡山道施御史家的事我也畧聞不知其詳武正字道施御史昆玉二位施二先生說乃兄中了進士他不曾中都是太夫人的地葬的不好只發大房不發二房因養了一个風水先生在家裡終日商議遷坟施御史道已葬久了恐

怕遷不得哭着下拜求他他斷然要遷那風水又拿話嚇他說若是不遷二房不但不做官還要瞎眼他越發慌了托這風水到處尋地家裡養着一个風水外面又相與了多少風水這風水尋着一个地叫那些風水來覆那曉得風水的講究叫做父做子笑子做父笑再沒有一個相同的但尋着一塊地就被人覆了說用不得家裡住的風水急了又獻了一塊地便在那新地左邊買通了一个親戚來說夜裡夢見老太

太鳳冠霞被指着這地與他看要葬在這裡因這一塊地是老太太自己尋的所以別的風水纔覆不掉便把母親硬遷來葬到遷坟的那日施御史弟兄兩位跪在那裡纔掘開坟看見了棺木坟裡便是一鼓熱氣直冲出來冲到二先生眼上登時就把兩隻眼瞎了二先生越發信這風水竟是个現在的活神仙能知過去未來之事後來重謝了他好幾百兩銀子余大先生道我們那邊也極喜講究的遷葬少卿這事行

得行不得杜少卿道我還有一句直捷的話這事朝廷該立一个法子但凡人家要遷葬叫他到有司衙門遞个呈紙風水具了甘結棺材上有幾尺水幾斗幾升螘等開了說得不錯就罷了如說有水有螘挖開了不是即于挖的時候帶一个劊子手一刀把這奴才的狗頭斫下來那要遷墳的就依子孫謀殺祖父的律立刻凌遲處死此風或可少息了余有達遲衡山武正字三人一齊拍手道說的暢快說的暢快拿大

杯來吃酒又吃了一會余大先生談道湯家請他做館的一段話說了一所笑道武夫可見不過如此武正字道武夫中竟有雅不過的因把蕭雲仙的事細細說了對杜少卿道少卿先生你把那卷子拿出來與余先生看杜少卿取了出來余大先生打開看了圖和虞博士幾个人的詩看畢乘着酒興依韻各和了一首三人極口稱贊當下吃了半夜酒一連住了三日那一日有一个五河鄉里賣鴨的人拿了一封家信來

說是余二老爹帶與余大老爹的余大先生折開一看面如土色只因這一番有分教弟兄相助真耽式好之情朋友交推又見同聲之誼畢竟書子裏說些甚麽且聽下回分解

儒林外史第四十四回

敦友誼代兄受過　講堪輿回家葬親

話說余大先生把這家書拿來遞與杜少卿看上面寫著大槩的意思說時下有一件事在這里辦着大哥千萬不可來家我聽見大哥住在少卿表弟家最好放心住著等我把這件事料理淸楚了來接大哥那時大哥再回來余大先生道這畢竟是件甚麼事杜少卿道二表兄既不肯說表兄此時也沒處去問且在我這裏住着自然知道余大先生寫了一封回書說到底

是件甚麼事兄弟可作速細細寫來與我我不着急就是了若不肯給我知道我倒反焦心那人拿着回書回五河送書子與二爺二爺正在那里和縣裏差人說話接了回書打發鄉里人去了向那差人道他那裡來文說是要提要犯余持我並不曾到過無爲州我爲甚麼去差人道你到過不曾到過那个看見我們辦公事只曉得照票子拏人我們衙門裏拿到了强盜賊

穿着檀木靴還不肯招哩那个肯說眞話余二先生沒法只得同差人到縣裏在堂上見了知縣跪着禀道生員在家並不曾到過無爲州太父師這所准的事生員眞个一毫不解知縣道你會到過不會到過本縣也不得知現今無爲州有關提在此你說不會到過你且拏去自已看隨在公案上將一張硃印墨標的關文叫値堂吏遞下來看余持接過一看只見上寫的是無爲州承審被叅知州贓案裏有貢生余持過贓一欵是五河縣人余持看了道生員的話太父師可以明白了這關文上要的是貢生余持生員離出貢還少十多年哩說罷遞上關文來回身便要走了去知縣道余生員不必大忙你纔所說却也明白隨又叫禮房問縣裏可另有个余持貢生禮房値日書辦禀道他余家就有貢生却沒有个余持余持又禀道可見這關文是个捕風捉影的了起身又要走了去知縣道余生員你且下去把這些情由具一張清白呈

子來我這裡替你回覆去余持應了下來出衙門同差人坐在一个茶館裡吃了一壺茶起身又要走差人扯住道余二相你往那里走大清早上水米不沾牙從你家走到這里就是辦皇差也不能這般寡刺難道此時又同了你去不成余二先生道你家老爺吽我出去寫呈子差人道你纔在堂上說你是生員做生員的一年帮人寫到頭倒是自已的要去尋別人對門這茶館後頭就是你們生員們寫狀子的行家你

要寫就進去寫余二先生没法只得同差人走到茶館後面去差人望着裏邊一人道這余二相要寫个訴呈你替他寫寫他自已做稿子你替他謄真用个戳子他不給你錢少不得也是我當災昨日那件事關在飯店裏我去一頭來余二先生和代書拱一拱手只見桌傍板櫈上坐着一个人頭戴破頭巾身穿破直裰脚底下一雙打板唱曲子的鞋認得是縣裏吃葷飯的朋友唐三痰唐三痰看見余二先生進來說道

余二哥你來了請坐余二先生坐下道唐三哥你來這里的早唐三痰道也不算早了我絕早同方六房裏六老爺吃了麪送六老爺出了城去纔在這里來你這个事我知道因扯在旁邊去悄悄說道二先生你這件事雖非欽件將來少不得打到欽件裏去你令兄現在南京誰人不知道自古地頭文書鐵箍桶總以當事爲主當事是彭府上說了就點到奉行的你而今作速和彭三老爺去商議他家一門都是龍睜虎眼的脚色只有三老爺還是个盛德人你如今着了急去求他他也還未必計較你平日不曾在他分上周旋處他是大福大量的人你可以放心去不然我就同你去論起理來這幾位鄉先生你們平日原該聯絡這都是你令兄太自傲處及到弄出事來却又沒有个靠傍余二先生道極蒙關切但方纔縣尊已面許我回文我且遞上呈子去等他替我回了文去再爲斟酌唐三痰道也罷我看着你寫呈子當下寫了呈子

拏進縣裏去知縣叫書辦據他呈子備文書回無爲州書辦來要了許多紙筆錢去是不消說過了半个月文書回頭來上寫的淸白寫着要犯余持係五河貢生身中而白微鬚年約五十多歲的于四月初八日在無爲州城隍廟寓所會風影會話私和人命隨於十一日進州衙關說續於十六日州審録供之後風影備有酒席送至城隍廟風影共出賍銀四百兩三人均分余持得賍一百三十三兩有零二十八日在州

衙辭行由南京回五河本籍賍証確據何得諱稱並無其人事關憲件人命重情煩貴縣查照來文事理星即差押該犯赴州以憑審結望速望速知縣接了關文又傳余三先生來問余二先生道這更有的分辨了生員再細細具呈上來只求太父師做主說罷下來到家做呈子他妻舅趙麟書說道姐夫這事不是這樣說了分明是大爺做的事他左一回右一回雪片的文書來姐夫爲甚麽自己纏在身上不如老老實

賫具個呈子說大爺現在南京叫他行文到南京去關姐夫落得乾淨無事我這裏娃子不哭奶不脹爲甚麽把別人家的棺材拉在自己門口哭余二先生道老舅我弟兄們的事我自有主意你不要替我焦心趙麟書道不是我也不說你家大爺平日性情不好得罪的人多就如仁昌典方三房裏仁大典方六房裏都是我們五門四關廂裏錚錚響的鄉紳縣裏王公同他們是一个人你大爺偏要拏話得罪他就是這

兩天方二爺同彭鄉紳家五房裏做了親家五爺是新科進士我聽見說就是王公做媒擇的日子是出月初三日拜允他們席間一定講到這事彭老五也不要明說出你令兄不好處只消微露其意王公就明白了那時王公作惡起來反說姐夫你藏匿着哥就耽不住了還是依着我的話余二先生道我且再遞一張呈子若那里催的緊再說出來也不遲趙麟書道再不你去托托彭老五罷余二先生笑道也且慢些

趙麟書見說他不信就回去了余二先生又具了呈子到縣裏縣裏據他的呈子回文道案據貴州移關要犯余持係五河貢生身中面白微鬚年約五十多歲的於四月初八日在無爲州城隍廟寓所會風影會話私和人命隨於十一日進州衙關說續於十六日州審錄供之後風影條有酒席送至城隍廟風影共出贓銀四百兩三人均分余持得贓一百三十三兩有零二十八日在州衙辭行由南京回五河本籍贓証

確據何得諱稱並無其人事關憲件人命重情等因到縣准此本縣隨即拘傳本生到案據供生員余持身中面麻微鬚年四十四歲係廩膳生員未曾出貢本年四月初八日學憲按臨鳳陽初九日行香初十日懸牌十一日科試入學生員該生余持進院赴考十五日覆試案發取錄余持次日進院覆試考居一等第二名至二十四日送學憲起馬回籍肄業安能一身在鳳陽科試又一身在無爲州詐贓本縣取具口供

隨取本學册結對驗該生委係在鳳陽科試未
會到無爲詐賍不便解送恐係外鄉光棍頂名
冒姓理合據實回明另緝審結云云這文書回
了去那里再不來提了余二先生一塊石頭落
了地寫信約哥回來大先生回來細細問了這
些事說全費了兄弟的心便問衙門使費一總
用了多少銀子二先生道這个話哥還問他怎
的哥帶來的銀子料理下葬爲是又過了幾日
弟兄二人商議要去拜風水張雲峰恰好一个

本家來請吃酒兩人拜了張雲峰便到那里赴
席去那里請的沒有外人就是請的他兩个嫡
堂兄弟一个叫余敷一个叫余殷兩人見大哥
二哥來慌忙作揖彼此坐下問了些外路的事
余敷道今日王父母在彭老二家吃酒主人坐
在底下道還不曾來哩陰陽生纔拏過帖子去
余殷道彭老四點了主考了聽見前日辭朝的
時候他一句話回的不好朝廷把他身子拍了
一下余大先生笑道他也沒有甚麽話說的不

好就是說的不好皇上離着他也遠怎能自已拍他一下余殷紅着臉道然而不然他而今官大了是翰林院大學士又帶着左春坊每日就要站在朝廷大堂上暖閣子裏議事他回的話不好朝廷怎的不拍他難道怕得罪他麼主人坐在底下道大哥前日在南京來聽見說應天府尹進京了余大先生還不曾答應余敷道這个事也是彭老四奏的朝廷那一天問應天府可該換人彭老四要薦他的同年湯奏就說該

換他又不肯得罪府尹唧唧的寫个書子帶來叫府尹自己請陛見所以進京去了余二先生道大僚更換的事翰林院衙門是不管的這話恐未必確余殷道這是王父母前日在仁大典吃酒席上親口說的怎的不確說罷擺上酒來九个盤子一盤青菜花炒肉一盤煎鯽魚一盤片粉伴雞一盤攤蛋一盤葱炒蝦一盤瓜子一盤人參果一盤石榴米一盤豆腐乾盪上滾熱的封缸酒來吃了一會主人走進去拿出一個

紅布口袋盛着幾塊土紅頭繩子拴着向余敷余殷說道今日請兩位賢弟來就是要看看這山上土色不知可用得余二先生道山上是幾時破土的主人道是前日余敷正要打開拏出土來看余殷奪過來道等我看劈手就奪過來拏出一塊土來放在面前把頭歪在右邊看了一會把頭歪在左邊又看了一會拏手指頭掐下一塊土來送在嘴裡歪着嘴亂嚼嚼了半天把一大塊土就遞與余敷說道四哥你看這土

好不好余敷把土接在手裏拿着在燈底下翻過來把正面看了一會翻過來又把反面看了一會也掐了一塊土送在嘴裏閉着嘴閉着眼慢慢的嚼嚼了半日睜開眼又把那土拿在鼻子跟前儘着聞又聞了半天說道這土果然不好主人慌了道這地可葬得余殷道這地葬不得葬了你家就要窮了余大先生道我不在家這十幾年不想二位賢弟就這般精於地理余敷道不瞞大哥說經過我愚弟兄兩个看的地

一毫也沒得辨駁的余大先生道方才這土是那山上的余二先生指着主人道便是賢弟家四叔的墳商議要遷葬余大先生屈指道四叔葬過已經二十多年家裏也還平安可以不必遷罷余殷道大哥這是那裏來的話他那墳裏一汪的水一包的螞蟻做兒子的人把个父親放在水窩裏螞蟻窩裏不遷起來還成个人余大先生道如今尋的新地在那里余殷道昨日這地不是我們尋的我們替尋的一塊地在三

尖峰我把這形勢說給大哥看因把這桌上的盤子撤去兩个拿指頭蘸着封缸酒在桌上畫个圈子指着道大哥你看這是三尖峰那邊來路遠哩從浦口山上發脉一个墩一个砲一个墩一个砲一个墩一个砲彎彎曲曲骨裏骨碌一路接着滚了來滚到縣裏周家岡龍身跌落過峽又是一个墩一个砲骨骨碌碌幾十个砲趕了來結成一个穴情這穴情叫做荷花出水正說着小厮捧上五碗麪主人請諸位用了醋

把這青菜炒肉夾了許多堆在麪碗頭上就入舉起箸來吃余殷吃的差不多揀了兩根麪條在桌上彎彎曲曲做了一个來龍睜着眼道我這地要出個狀元葬下去中了一甲第二也算不得就把我的兩隻眼睛剜掉了主人道那地葬下去自然要發余敷道怎的不發就要發並不等三年五年余殷道假着就要發你葬下去纔知道好哩余大先生道前日我在南京聽見幾位朋友說葬地只要父母安那子孫發達的話也是渺茫余敷道然而不然父母果然安子孫怎的不發余殷道然而不然彭府上那一座墳一个龍爪子恰好搭在他太爺左膀子上所以前日彭老四就有這一拍難道不是一个龍爪子大哥你若不信明日我同你到他墳上去看你纔知道又吃了幾杯一齊起身道擾了小厮打着燈籠送進余家巷去各自歸家歇息次日大先生同二先生商議道昨日那兩个兄弟說的話怎樣一个道理二先生道他們也只說

的好聽究竟是無師之學我們還是請張雲峰商議爲是大先生道這話有理次日弟兄兩个備了飯請張雲峰來張雲峰道我往常時諸事沾二位先生的光二位先生因太老爺的大事托了我怎不盡心大先生道我弟兄是寒士蒙雲峰先生厚愛凡事不恭但望恕罪二先生道我們只要把父母大事做了歸着而今拜托雲翁並不必講發富發貴只要地下乾暖無風無蟻我們愚弟兄就感激不盡了張雲峰一一領

命過了幾日尋了一塊地就在祖墳旁邊余大先生余二先生同張雲峰到山裏去親自復了這地托祖墳上山主用二十兩銀子買了托張雲峰擇日子日子還不曾擇來那日閒着無事大先生買了二斤酒辦了六七个盤子打算老弟兄兩个自己談談到了下晚時候大街上虞四公子寫个說帖來寫道今晚薄治園蔬請二位表兄到荒齋一敘勿外是荷虞梁頓首余大先生看了向那小厮道我知道了拜上你家老

爺我們就來打發出門隨即一个蘇州人在這裏開糟坊的打發人來請他弟兄兩个到糟坊裏去洗澡大先生向二先生道這凌朋友家請我們又想是有酒吃我們而今擾了凌風家再到虞表弟家去弟兄兩个相攜着來到凌家一進了門聽得裏面一片聲吵嚷却是凌家因在客邊僱了兩个鄉里大脚婆娘主子都同他偷上了五河的風俗是个个人都要同僱的大脚婆娘睡覺的不怕正經廠廳裏擺着酒大家說

起這件事都要笑的眼睛沒縫欣欣得意不以爲羞恥的凌家這兩个婆娘彼此疑惑你疑惑我多得了主子的錢我疑惑你多得了主子的錢爭風吃醋打炒起來又大家搬楦頭說偷着店裏的店官店官也跟在裏頭打吵把厨房裏的碗兒盞兒碟兒打的粉碎又伸開了大脚把洗澡的都桶都踢了余家兩位先生酒也吃不成澡也洗不成倒反扯勸了半日辭了主人出來主人不好意思千告罪萬告罪說改日再請

兩位先生走出淩家門便到虞家虞家酒席已散大門關了余大先生笑道二弟我們仍舊回家吃自己的酒二先生笑着同哥到了家裏呌拿出酒來吃不想那二斤酒和六个盤子已是娘娘們吃了只剩了个空壺空盤子在那里大先生道今日有三處酒吃一處也吃不成可見一飲一啄莫非前定弟兄兩个笑着吃了些小菜晚飯吃了幾杯茶彼此進房歇息睡到四更時分門外一片聲大喊兩弟兄一齊驚覺看見意外通紅知道是對門失火慌忙披了衣裳出來呌齊了隣居把父母靈柩搬到街上那火燒了兩間房子到天亮就救息了靈柩在街上五河風俗說靈柩擡出門再要擡進來就要窮人家所以衆親友來看都說乘此擡到山裏擇个日子葬罷大先生向二先生道我兩人葬父母自然該正正經經的告了廟備祭辭靈徧請親友會葬豈可如此草率依我的意思仍舊將靈柩請進中堂擇日出殯二先生道這何消說如

果要窮死盡是我弟兄兩个當災當下衆人勸着總不聽喚齊了八將靈柩請進中堂候張雲峰擇了日子出殯歸葬甚是盡禮那日闔縣送殯有許多的人天長杜家也來了幾个人自此傳徧了五門四關廂一个大新聞說余家兄弟兩个越發獃串了皮了做出這樣倒運的事只因這一番有分教風塵惡俗之中亦藏俊彥數米量柴之外别有經綸畢竟後事如何且聽下回分解

俗語云喫了自己的清水白米飯去管别人家的閒事如唐三爽輩日日在縣門口說長論短究竟與自己穿衣喫飯有何益處而白首爲之而不厭耶此如溷厠中蛆蟲翻上翻下忙忙急急若似乎有許多事者然究竟日日如此何嘗翻出厠坑之外哉

唐三爽路人耳不足怪也道麟書亦係余大先生之親串何苦如此寫薄俗澆漓至自親串始有味乎其言之

口帶定彭鄉紳方鹽商是此篇扼要處

觀余敷余殷兩弟兄之口談知其爲一字不

通之文堪輿之學不必言矣其妙處在於活

色生香呼之欲出獸形獸氣如在目前也

儒林外史第四十六回

三山門賢人餞別　五河縣勢利熏心

話說余大先生葬了父母之後和二先生商議要到南京去謝謝杜少卿又因銀子用完了順便就可以尋館收拾行李別了二先生過江到杜少卿河房裏杜少卿問了這場官事余大先生細細說了杜少卿不勝嘆息正在河房裏閒話外面傳進來有儀徵湯大老爺來拜余大先生問是那一位杜少卿道便是請表兄做館的

了不妨就會他一會正說着湯鎮臺進來叙禮坐下湯鎮臺道少卿先生前在虞老先生齋中得接光儀不覺鄙吝頓消隨即登堂不得相值又懸我一日之思此位老先生尊姓杜少卿道這便是家表兄余有達老伯去歲曾要相約做館的鎮臺大喜道今日無意中又晤一位高賢真為幸事從新作揖坐下余大先生道老先生功在社稷今日角巾私第口不言功真古名將風度湯鎮臺道這是事勢相逼不得不爾至今

想來究竟是我意氣用事並不曾報効得朝廷倒惹得同官心中不快活却也悔之無及余大先生道這个朝野自有定論老先生也不必過謙了杜少卿道老伯此番來京貴幹現寓何處湯鎮臺道家居無事偶爾來京借此會會諸位高賢敝寓在承恩寺弟就要去拜虞博士并莊徵君賢竹林喫過茶辭別出來余大先生同杜少卿送了上轎余大先生暫寓杜少卿河房這湯鎮臺到國子監拜虞博士那里留下帖回了

不在署隨往北門橋拜莊濯江裏面見了帖子忙叫請會這湯鎮臺下轎進到廳事主人出來叙禮坐下道了幾句彼此仰慕的話湯鎮臺提起要往後湖拜莊徵君莊濯江道家叔此刻恰好在舍何不竟請一會湯鎮臺道這便好的極了莊濯江吩咐家人請出莊徵君來同湯鎮臺拜見過叙坐又喫了一遍茶莊徵君道老先生此來恰好虞老先生尚未榮行又重九相近我們何不相約作一个登高會就此便奉餞虞老

先生又可暢聚一日莊濯江道甚好訂期便在舍間相聚便了湯鎮臺坐了一會起身去了說道數日內登高會再接教可以爲盡日之談說罷二位送了出來湯鎮臺又去拜了遲衡山武正字莊家隨即着家人送了五兩銀子到湯鎮臺寓所代席過了三日管家持帖邀客請各位早到莊濯江在家等候莊徵君已先在那里少刻遲衡山武正字都到了莊濯江收拾了一个大廠榭四面都插了菊花此時正是九月初五

天氣亢爽各人都穿着袷衣啜茗閒談又談了一會湯鎮臺蕭守府虞博士都到了衆人迎請進來作揖坐下湯鎮臺道我們俱係天涯海角之人今幸得賢主人相邀一聚也是三生之緣又可惜虞老先生就要去了此聚之後不知快晤又在何時莊濯江道各位老先生當今山斗今日惠顧茅齋想五百里內賢人聚矣坐定家人捧上茶來揭開來似白水一般香氣芬馥銀針都浮在水面啜過又換了一巡眞天都雖是

隔年陳的孫香氣尤烈虞博士吃着茶笑說道二位老先生當年在軍中想不見此物蕭雲仙道豈但軍中小弟在青楓城六年得飲白水已爲厚幸只覺强于馬溺多矣湯鎮臺道果然青楓水草可支數年莊徵君道蕭老先生博雅真不數北魏崔浩遲衡山道前代後代亦時有變遷的杜少卿道宰相須用讀書人將帥亦須用讀書人若非蕭老先生有識安能立此大功武正字道我最可笑的邊庭上都督不知有水草

部裏書辦核算時偏生知道這不知是司官的學問還是書辦的學問若說是司官的學問怪不的朝廷重文輕武若說是書辦的考核可見這大部的則例是移動不得的了說罷一齊大笑起來戲子吹打已畢奉席讓坐戲子上來叅堂莊飛熊起身道今日因各位老先生到舍晚生把梨園榜上有名的十九名都傳了來求各位老先生每人賞他一齣戲虞博士問怎麼叫做梨園榜余大先生把昔年杜愼卿這件風流

事逓了一徧衆人又大笑湯鎮臺向杜少卿道令兄已是銓選部郎了杜少卿道正是武正字道愼卿先生此一番許隲可云至公至明只怕立朝之後做主考房官又要目迷五色柰何衆人又笑了當日吃了一天酒做完了戲到黃昏時分衆人散了莊濯江寫妙子丹青畫了一幅登高送別圖在會諸人都做了詩又各家移樽到博士齋中餞別南京餞別虞博士的也不下千餘家虞博士應酬煩了凡要到船中送別的都辭了不勞那日叫了一隻小舡在水西門起行只有杜少卿送在舡上杜少卿拜別道老叔已去小姪從今無所依歸矣虞博士也不勝凄然邀到舡裏坐下說道少卿我不瞞你說我本赤貧之士在南京來做了六七年博士每年積幾兩俸金只挣了三十担米的一塊田我此番去或是部郎或是州縣我多則做三年少則做兩年再積些俸銀添得兩十担米每年養着我夫妻兩个不得餓死就罷了子孫們的事我也

不去管他現今小兒讀書之餘我教他學个醫可以餬口我要做這官怎的你在南京我時常寄書子來問候你說罷和杜少卿灑淚分手杜少卿上了岸看着虞博士的船開了去望不見了方才回來余大先生在河房裡杜少卿把方才這些話告訴他余大先生嘆道難進易退眞乃天懷淡定之君子我們他日出身皆當以此公爲法彼此歎賞了一回當晚余二先生有家書來約大先生回去說表弟虞華軒家請的西席先生去了要請大哥到家教兒子目今就要進館請作速回去余大先生向杜少卿說了辭別要去次日束裝渡江杜少卿送過自回家去余大先生渡江回家二先生接着拏帖子與乃兄看上寫愚表弟虞梁敬請余大表兄先生在舍教訓小兒每年修金四十兩節禮在外此訂大先生看了次日去回拜虞華軒迎了出來心裏歡喜作揖奉坐小厮拏了茶來吃着虞華軒道小兒蠢夯自幼失學前數年愚弟就想請表

兒教他因表兄出遊在外今恰好表兄在家就是小兒有幸了舉人進士我和表兄兩家車載斗量也不是甚麽出奇東西將來小兒在表兄門下第一要學了表兄的品行這就受益的多了余大先生道愚兄老拙株守兩家至戚世交只和老弟氣味還投合的來老弟的兒子就是我的兒子一般我怎不盡心教導若說中舉人進士我這不曾中過的人或者不在行至於品行文章令郎自有家傳愚兄也這是行所無事

說罷彼此笑了擇了個吉日請先生到館余大先生絕早到了虞小公子出來拜見甚是聰俊拜過虞華軒送至館所余大先生上了師位虞華軒辭別到那邊書房裏去坐纔坐下門上人同了一个客進來這客是唐三痰的哥叫做唐二棒椎是前科中的文舉人却與虞華軒是同案進的學這日因他家先生開館就踱了來要陪先生虞華軒留他坐下吃了茶唐二棒椎道今日恭喜令郎開館虞華軒道正是唐二棒椎

道這先生最好只是坐性差些又好弄這些雜學荒了正務論余大先生的舉業雖不是時下的惡習他要學國初帖括的排塲却也不是中和之業虞華軒道小兒也還早哩如今請余大表兄不過叫學他些立品不做那世利小人就罷了又坐了一會唐二棒椎道老華我正有一件事要來請教你這通古學的虞華軒道我通甚麽古學你拿這話來笑我唐二棒椎道不是笑話眞要請教你就是我前科僥倖我有一个

嫡姪他在鳳陽府裏住也和我同榜中了又是同榜又是同門他自從中了不曾到縣裏來而今來祭祖他昨日來拜我是門年愚姪的帖子我如今回拜他可該用个門年愚叔虞華軒道怎麽說唐二棒椎道你難道不會聽見我舍姪同我同榜同門是出在一个房師房裏中的了他寫門年愚姪的帖子拜我我可該照樣還他虞華軒道我難道不曉得同着一个房師叫做同門但你方纔說的門年愚姪四个字是鬼話

是夢話唐二棒椎道怎的是夢話虞華軒仰天大笑道從古至今也沒有這樣奇事唐二棒椎變着臉道老華你莫怪我說你雖世家大族你家發過的老先生們離的遠了你又不曾中過這些官場上來往的儀制你想是未必知道我舍姪他在京裏不知見過多少大老他這帖子的樣式必有个來歷難道是混寫的虞華軒道你長兄既說是該這樣寫就這樣寫罷了何必問我唐二棒椎道你不曉得等余大先生出來

吃飯我問他正說着小厮來說姚五爺進來了兩个人同站起來姚五爺進來作揖坐下虞華軒道五表兄你昨日吃過飯怎便去了晚裏還有个便酒等着你也不來唐二棒椎道姚老五昨日在這裏吃中飯的麽我昨日午後遇着你你現說在仁昌典方老六家吃了飯出來怎的這樣扯謊小厮擺了飯請余大先生來余大先生首席唐二棒椎對面姚五爺上坐主人下部吃過飯虞華軒笑把方纔寫帖子話說與余大

先生余大先生氣得兩臉紫漲頸子裏的筋都耿出來說道這話是那个說的請問人生世上是祖父要緊是科名要緊虞華軒道自然是祖父要緊了這也何消說得余大先生道既知是祖父要緊如何纔中了个舉人便丟了天屬之親叔姪們認起同年同門來這樣得罪名教的話我一世也不願聽二哥你這位令姪還虧他中个舉竟是一字不通的人若是我的姪兒我先拿他在祠堂裏祖宗神位前先打幾十板子纔好唐二棒椎同姚五爺看見余大先生惱得像紅蟲知道他的迂性獃氣發了講些混話支開了去須臾吃完了茶余大先生進館去了姚五爺起身道我去走走再來唐二棒椎道你今日出去該說在彭老二家吃了飯出來的了姚五爺笑道今日我在這里陪先生人都知道的不好說在別處笑着去了姚五爺去了一時又走回來說道老華廳上有个客來拜你說是在府裏太尊衙門裏出來的在廳上坐着哩你快

出去會他虞華軒道我並沒有這个相與是那里來的正疑惑間門上傳進帖子來年家眷同學教弟季萑頓首拜虞華軒出到廳上迎接季葦蕭進來作揖坐下拏出一封書子遞過來說道小弟在京師因同敝東家來貴郡令表兄杜慎卿先生托寄一書專候先生今日得見雅範實爲深幸虞華軒接過書子拆開從頭看了說道先生與我敝府厲公祖是舊交季葦蕭道厲公是敝年伯荀大人的門生所以邀小弟在他

幕中共事虞華軒道先生因甚公事下縣來季葦蕭道此處無外人可以奉告厲太尊因貴縣當舖戥子太重剝削小民所以托弟下來查一查如其果真此弊要除虞華軒將椅子挪近季葦蕭跟前低言道這是太公祖極大的仁政敝縣別的當舖原也不敢如此只有仁昌仁大方家這兩个典舖他又是鄉紳又是鹽典又同府縣官相與的極好所以無所不爲百姓敢怒而不敢言如今要除這個弊只要除這兩家兄太

父祖堂堂太守何必要同這樣人相與此話只
可放在先生心裏却不可漏洩說是小弟說的
季葦蕭道這都領教了虞華軒又道蒙先生賜
顧本該備個小酌奉屈一談一來恐怕褻尊二
來小地方耳目衆多明日備个菲酌送到尊寓
萬勿見却季葦蕭道這也不敢當說罷作別去
了虞華軒走進書房來姚五爺迎着問道可是
太尊那裏來的虞華軒道怎麽不是姚五爺搖
着頭笑道我不信唐二棒椎沉吟道老華這倒

也不錯果然是太尊裏面的人太尊同你不密
邇同太尊密邇的是彭老三方老六他們二位
我聽見這人來正在這里疑惑他果然在太尊
衙門裏的人他下縣來不先到他們家去倒有
个先來拜你老哥的這个話有些不像恐怕是
外方的甚麽光棍打着太尊的旂號到處來騙
人的錢你不要上他的當虞華軒道也不見得
這人不曾去拜他們姚五爺笑道一定沒有拜
若拜了他們怎肯還來拜你虞華軒道難道是

太尊叫他來拜我的是天長杜愼卿表兄在京
裡寫書子給他來的這人是有名的季葦蕭唐
二棒椎搖手道這話更不然季葦蕭是定梨園
榜的名士他既是名士京裡一定在翰林院衙
門裏走動況且天長杜愼老同彭老四是一个
人豈有个他出京來帶了杜愼老的書子來給
你不帶彭老四的書子來給他家的這人一定
不是季葦蕭虞華軒道是不是罷了只管講他
怎的便罵小厮酒席爲甚麽到此時還不停當

一个小厮走來稟道酒席已經停當了一个小
厮捎了被囊行李進來說鄉裡成老爹到了只
見一人方巾藍布直裰薄底布鞋花白鬍鬚酒
糟臉進來作揖坐下道好呀今日恰好府上請
先生我撞着來吃喜酒虞華軒叫小厮拿水來
給成老爹洗臉抖掉了身上腿上那些黃泥一
同邀到廳上擺上酒來余大先生首席眾位陪
坐天色已黑虞府廳上點起一對料絲燈來還
是虞華軒曾祖尚書公在武英殿御賜之物今

已六十餘年猶然蕭新余大先生道自古說故
家裔副果然不差就如尊府這燈我縣裏沒有
第二不成老爹道大先生三十年河東三十年
河西就像三十年前你二位府上何等氣勢我
是親眼看見的而今彭府上方府上都一年盛
似一年不說別的府裏太尊縣裏王公都同他
們是一个人時時有內裏幕賓相公到他家來
說要緊的話百姓怎的不怕他像這內裏幕賓
相公再不肯到别人家去唐二棒椎道這些時

可有幕賓相公來成老爹道現有一个姓吉的
吉相公下來訪事住在寶林寺僧官家今日清
早就在仁昌典方老六家方老六把彭老二也
請了家去部着三个人進了書房門講了一天
不知太爺是作惡那一個叫這吉相公下來訪
的唐二棒椎望著姚五爺冷笑道何如余大先
生看見他說的這些話可厭因問他道老爹去
年准給衣巾了成老爹道正是督學臺是彭老
四的同年求了他一封書子所以准的余大先

生笑道像老爹這一副酒精臉學臺看見著實
精神怎的肯准成老爹道我說我這臉是浮腫
着的衆人一齊笑了又吃了一會酒成老爹道
大先生我和你是老了沒中用的了英雄出于
少年怎得我這華軒世兄下科高中了同我們
這唐二老爺一齊會上進士雖不能像彭老四
做這樣大位或者像老三老二候選个縣官也
與祖宗爭氣我們臉上也有光輝余大先生看
見這些話更可厭因說道我們不講這些話行

令吃酒罷當下行了一个快樂飲酒的令行了
半夜大家都吃醉了成老爹扶到房裏去睡打
燈籠送余大先生唐二棒椎姚五爺回去成老
爹睡了一夜半夜裡又吐了又痾屎不等天
亮就叫書房裡的一个小小厮來掃屎就悄悄
向那小小厮說叫把管租的管家叫了兩个進
來又鬼頭鬼腦不知說了些甚麼便叫請出大
爺來只因這一番有分教鄉僻地面偏多慕勢
之風學校宫前竟行非禮之事畢竟後事如何

且聽下回分解

博士去而文壇自此冷落矣虞博士是書中第一人祭泰伯祠是書中第一事自此以後皆流風餘韻故寫博士之去惟少卿送之而臨別數言凄然欲絕千載之下謦欬如聞

薄俗澆漓中而有一二自愛之人此衆口之所最不能容者也虞華軒書房裏偏生有唐二棒椎姚五爺來往寫小地方之人情出神入化從來稗官無此筆仗

唐二棒椎姚五爺兩人儘彀令人作惡矣偏又添出一个成老爹文心如春盡之花發洩無遺天工之巧更不留餘也